GUÍA DE LECTURA

Escrita por Natacha Cerf
Traducida por Laura Soler Pinson

Metamorfosis

de Ovidio

Entiende fácilmente la literatura con

ResumenExpress.com

www.resumenexpress.com

OVIDIO

POETA LATINO

- **Nacido en el año 43 a. C.**
- **Fallecido en el año 17-18 d. C.**
- **Algunas de sus obras:**
  - *Arte de amar*, obra poética
  - *Fastos*, obra poética
  - *Tristia*, obra poética

Publio Ovidio Nasón (43 a. C.-17-18 d. C.) es un poeta latino. Proviene de una familia adinerada, por lo que goza de una educación completa: recibe formaciones de retórica y de derecho en Roma. Sin embargo, la que le da notoriedad es la poesía. Es este arte el que le da notoriedad: la alta sociedad romana admira sus elegías y sus cartas de amor ficticias, como las *Heroidas*. Ya adulto, Ovidio abandona la poesía erótica para dedicarse a su poema las *Metamorfosis*, que relata episodios de la mitología griega y romana.

Bajo el reinado del emperador Augusto, cae en desgracia y se ve obligado a exiliarse en Tomis. En esta ciudad, situada en la actual Rumanía, pasa Ovidio los últimos años de su vida, dedicado a la escritura de textos conmovedores, como *Tristia* o *Pónticas*, volúmenes de su correspondencia con sus seres queridos que se habían quedado en Roma.

METAMORFOSIS

LAS METAMORFOSIS EN LOS INICIOS DEL MUNDO

- **Género:** poesía épica
- **Edición de referencia:** Ovidio Nasón, Publio. 2006. *Metamorfosis*. Traducido por Ely Leonetti Jungl. Pozuelo de Alarcón: Espasa Calpe
- **Escrito:** hacia el año 1-2 d. C.
- **Temáticas:** metamorfosis, creación del mundo, amor, mitología

Las *Metamorfosis*, un largo poema épico de 12 000 versos escrito en latín, la obra mayor de Ovidio, retoma los mitos griegos y latinos con el objetivo de contar la historia del mundo. El autor explica cómo surgió el universo: los minerales, los vegetales, los animales, los astros, etc. nacen de la sucesión de mil metamorfosis que los dioses llevaron a cabo. Ovidio hace un repaso cronológico de toda la historia; así, también habla del nacimiento de Roma y abarca hasta el reinado de Augusto.

Esta epopeya explica el mundo en su totalidad, con un aspecto original: no incluye desapariciones o muertes, a pesar de todas las luchas que marcan la historia; solo hay transformaciones de un elemento en otro elemento, o de un ser en otro ser.

RESUMEN

LIBRO I

Antes de que surgieran el mar, el cielo y la tierra, había caos: una mole sin forma y desordenada. Los elementos se obstaculizaban los unos a los otros: el frío luchaba contra el calor, lo blando contra lo duro, lo húmedo con lo seco. Un dios acabó con estos conflictos al separar las aguas de las tierras, y las tierras, del cielo. El artesano del mundo lo delimitó todo y veló por que todas las regiones estuvieran pobladas por seres vivos. Los humanos nacieron de un semen divino y se asemejan a los dioses, los amos del universo.

LIBRO II

Tras la aparición del mundo, surgen las cuatro edades de la humanidad. Durante la cuarta, la Edad de Hierro, los hombres se vuelven avariciosos, violentos y criminales. Júpiter, para castigarles, extermina a la raza humana sumergiéndola bajo el agua. El mundo entero se hunde y la corriente arrastra a casi todos los seres.

LIBRO III

En esta tierra transformada en océano solo quedan dos supervivientes: Deucalión, hijo de Prometeo, y Pirra, hija de Epimeteo. Ambos, inocentes y piadosos, imploran a la diosa Temis que les desvele la manera de arreglar el desastre de su raza. Las instrucciones divinas les dictan que deben cubrirse la cabeza con un velo, desatarse sus túnicas y tirar por encima del hombro los huesos de su abuela. Los jóvenes siguen los pasos y, de los huesos que lanzan, renacen los hombres y las mujeres.

LIBRO IV

Baco, dios del vino y del teatro, amo de las ilusiones y adorador de los juegos, es capturado por unos marineros cuando ha tomado la apariencia de un niño. Uno de los marineros está convencido de que están tratando con un dios, pero sus compañeros, avariciosos, tienen la intención de vender al niño como esclavo. Baco les sigue el juego, pero rápidamente vuelve a convertirse en un dios rodeado de animales salvajes y detiene el barco en el mar. Entonces, transforma a todos los hombres de la tripulación en seres provistos de escamas y de aletas, salvo a aquel que ha sabido ver en él a un dios.

LIBRO V

Proserpina, la hija de Ceres, diosa protectora de los cereales, ha sido secuestrada por Plutón, dios del inframundo. Ceres busca a su hija sin parar y está agotada de cansancio. Va a casa de una anciana para que la alimente. Mientras está bebiendo, un niño cruel se burla de ella y la trata de tragona. La diosa, ofendida, lo transforma en iguana.

LIBRO VI

Aracne de Lidia, mujer del pueblo, asegura que puede rivalizar en labores de hilandera con la diosa Palas Atenea, protectora de Atenas y diosa de la guerra. Así, las dos empiezan a tejer dos telas muy diferentes: la de la diosa representa a los doce dioses del Olimpo en todo su esplendor y a los humanos privados de metamorfosis por haber desafiado a los dioses; la de la mortal narra los amores culpables de los dioses. La tela de Aracne es irreprochable y absolutamente magnífica. Furiosa, Palas la desgarra y golpea a la joven. Esta, humillada, se ahorca. La diosa se compadece de ella y la transforma en araña para que pueda tejer telas.

LIBRO VII

Latona y Júpiter han tenido gemelos: Apolo y Diana. Latona debe enfrentarse a la ira de Juno, esposa de Júpiter, y se ve obligada a huir con sus dos hijos a Licia. Agotada por el trayecto, bajo un sol de justicia, le agarra mucha sed y desea beber agua de un estanque en cuyas orillas cortan mimbre unos campesinos. Estos le impiden que beba y la insultan a pesar de las súplicas y los brazos extendidos de los niños. La diosa, encolerizada por tanta maldad, transforma a los campesinos en ranas.

LIBRO VIII

Júpiter está enamorado de Europa, la hija del rey fenicio Agenor. El dios le pide a su hijo Mercurio que lleve los becerros de la montaña del país de Sidón (en Fenicia) a pastar a la orilla donde la hija del rey acostumbra a ir. Júpiter se transforma en uno de los miembros del rebaño y se dirige hacia la joven. Sus formas, dulces, seducen a Europa, que acaba por sentarse encima de él. Él aprovecha para secuestrarla.

LIBRO IX

Agenor expulsa del país a Cadmo, su hijo y hermano de Europa, por no haber encontrado a su hermana después de que Júpiter la haya raptado. El oráculo de Delfos le anuncia que su destino es fundar la futura Tebas. Para descubrir el lugar donde se erigirá la ciudad, debe seguir a una vaca hasta que esta se derrumbe de agotamiento. Cuando la vaca está extenuada, quiere sacrificarla en honor a Atenea, y envía a sus camaradas a que vayan a buscar agua de una fuente. Sin embargo, durante el recorrido, son asesinados por un dragón. Cadmo descubre los cuerpos y desea vengar a sus amigos, así que mata al dragón. Entonces, Palas Atenea se manifiesta: el héroe debe plantar los dientes del dragón en la tierra. De esos dientes nacen ejércitos de guerreros que se matan los unos a los otros. Solo se salvan cinco guerreros de esta guerra civil entre hermanos de la tierra: estos serán los que acompañarán a Cadmo en la fundación de Tebas.

LIBRO X

El dios Baco le da la oportunidad a Midas de escoger su recompensa por haber librado de los campesinos a su padre adoptivo, Sileno. El rey de Lidia quiere que todo lo que toca sea transformado en oro. Sin embargo, su alegría pronto se torna en pesadilla, puesto que se da cuenta que ya no puede saciar su sed ni su hambre: en cuanto sus labios o sus manos tocan los alimentos, estos se convierten en oro. Midas le suplica al dios que lo libre de su deseo. El dios, indulgente, se lo concede.

LIBRO XI

Pasífae, esposa del rey Minos, se ha enamorado de un magnífico toro y del fruto de su amor ha nacido el Minotauro, mitad hombre, mitad toro. Dédalo construye un laberinto para encerrarlo, pero queda prisionero junto a su hijo. Para recuperar su libertad, construye alas para Ícaro y para él mismo. A pesar de las advertencias de su padre, Ícaro sube cada vez más alto en las alturas y la cera de sus alas se funde al acercarse al sol. Dédalo entierra el cuerpo de su hijo.

LIBRO XII

Eurídice muere tras la mordedura de una serpiente. Su marido, Orfeo, baja al inframundo con el objetivo de recuperar a su esposa. Las cuerdas de su lira detienen las actividades del infierno e inundan de lágrimas las mejillas de las almas de los torturados. Plutón, rey del inframundo, le concede su deseo de irse con Eurídice, con la condición de que no se vuelva hacia ella antes de salir de los infiernos. Pero Orfeo no es capaz de resistir a la tentación de mirarla con amor y se la arrebatan de nuevo.

LIBRO XIII

Píramo y Tisbe se aman, pero sus padres se oponen a la relación. Sin embargo, los jóvenes están decididos a verse de nuevo. Tisbe llega la primera al lugar de la cita y se encuentra con una leona que tiene el morro lleno de sangre. Huye espantada y se le cae el chal de los hombros. La leona ve el velo y lo desgarra con sus dientes aún ensangrentados.

Cuando Píramo llega al lugar, descubre las huellas de la fiera y el tejido hecho trizas. Está persuadido de que su amada ha muerto, por lo que se clava su espada. Cuando Tisbe vuelve al sitio donde han quedado, encuentra el cuerpo de su amante. Cegada por el dolor, ella también se clava la espada. Sus cenizas se colocan en la misma urna y el árbol que ha sido testigo de esta doble muerte da unas frutas negras: las moras.

LIBRO XIV

Pomona, la ninfa de los árboles, se dedica exclusivamente a cuidar sus vergeles y rehúye a los hombres. Pero Vertumno, el dios protector de los árboles frutales, la adora y hace todo lo posible por acercarse a ella: se transforma en una anciana que intenta convencerla de que no rechace la pasión del dios Vertumno. Cuando ve que sus esfuerzos son en vano, vuelve a su apariencia de joven hombre y, cuando Pomona ve su cara, queda embelesada.

LIBRO XV

Júpiter le pide a Venus que libere el alma de Julio César, asesinado, para convertirlo en cometa, puesto que el emperador, por sus gestas en la tierra, merece ser elevado a los cielos. A partir de ese momento, se establece el culto a los emperadores romanos en todo el Imperio.

PUNTOS DESTACADOS

La *Metamorfosis*, obra de más de 12 000 versos, biblia del paganismo, contiene más de 231 historias de metamorfosis, y la mayoría se remontan a los inicios del mundo. Estos relatos demuestran que la humanidad siente la necesidad de comprender el mundo y sus orígenes. Con este objetivo, Ovidio parte de la génesis para llevar al lector hasta los tiempos de Augusto. El poeta relata el recuerdo del diluvio, y más tarde, la liturgia efectuada por Deucalión y Pirra para volver a crear a la raza humana. Tras esto, empieza la coexistencia de hombres y dioses.

Sin embargo, Ovidio no cree en estas historias. La intención de ese escrito es, sobre todo, la de crear una obra de arte que tome su belleza de la mitología. Aparecen junto a lo estético los análisis psicológicos, que muestran empatía por los sufrimientos que acaecen sobre los héroes de las *Metamorfosis*: Ovidio examina lo que sienten los atormentados por el amor y el deseo, que son las causas principales de las metamorfosis. Construye todo un universo que se asemeja demasiado al nuestro como para que podamos sentirnos ajenos a lo que se nos narra en el relato.

Todos los mitos que describe Ovidio pueden tener una interpretación filosófica (estoicismo, orfismo, pitagorismo, etc.): Faetón podría, por ejemplo, simbolizar la figura estoica de la sensatez que desafía a la muerte porque necesita saber. Además, Hércules y Ulises encarnan héroes estoicos que se enfrentan a miedos y a sufrimientos. Ovidio tiñe igualmente su poema de pitagorismo, puesto que su cosmogonía se explica en parte por la ciencia del porvenir elaborada por Pitágoras (matemático y filósofo griego, c. 570-480 a. C.). No obstante, Ovidio sigue siendo ante todo un poeta, y otorga poca importancia a las teorías filosóficas. Por eso, hace más hincapié en los defectos y en las debilidades de los modelos del estoicismo que en su sabiduría, y da prioridad a lo mágico por encima de la ciencia.

Con esta inmensa obra, Ovidio denuncia el reino de las apariencias. El tema central es, por supuesto, el cambio y la fluidez de los estados. Con ello, se pregunta sobre la identidad e insiste sobre su fragilidad: los hombres son seres de paso en un universo de paso.

CLAVES DE LECTURA

LA METAMORFOSIS

La metamorfosis, según Ovidio, consiste rara vez en la desaparición completa de un ser para que nazca uno nuevo. Solo hay un ejemplo de metamorfosis total: la que se opera a consecuencia del deseo de Midas. La comida, el vino o las frutas que se convierten en oro ya no conservan ninguna de sus propiedades anteriores. Consideramos que las otras metamorfosis son parciales porque no son nunca totalmente arbitrarias (el ser que sufre la transformación siempre tiene un vínculo con su forma primitiva):

- Deucalión y Pirra lanzan piedras que se convierten en hombres. El pasado de piedra de la raza humana explica su dureza;
- Baco transforma a los marineros, acostumbrados al mar, en peces;
- las jóvenes Dafne y Siringa consideran que su virginidad es lo más importante y no quieren participar en la evolución natural: rehúyen el amor por una voluntad de fijación. Su transformación en planta expresa su carácter: se arraigan, están fijadas al suelo.

Hay distintos tipos de metamorfosis:

- la apoteosis. Se trata de la transformación de un hombre en un dios, una deificación. Por ejemplo, Hércules conserva su personalidad, pero se le purifica de sus propiedades humanas a través del fuego. También Glauco, simple mortal, se convierte en una divinidad marina: cambia de apariencia y su espíritu se modifica. Sin embargo, la metamorfosis no altera su persona. La apoteosis muestra una continuidad entre el antes y el después, responde a un mérito y se lleva a cabo empleando un elemento primordial que desempeña un papel purificador;

- la metamorfosis imaginaria. Algunos humanos aspiran a ser elevados al rango de lo divino por un simple esfuerzo de voluntad, pero los dioses se toman esta pretensión como un desafío. Por ejemplo, Faetón y los gigantes no desean solamente la apoteosis, sino que también buscan destronar a los dioses. Su desmesura se explica por el hecho de que su madre es la Tierra y su hermana es el Cielo. Fetón, con su poder imaginativo y con su deseo vehemente de cambiar de naturaleza, cree que se ha transformado en un dios, pero los rayos de Júpiter lo llevan de vuelta a la Tierra. Fracasa por su falta de modestia y porque no tiene la bendición divina. A Níobe le mueve la misma aspiración, puesto que se siente orgullosa de ser hija de Tántalo, hijo de Zeus, y esposa de Anfión, hijo de Zeus también. Se jacta de ser particularmente fértil y de la belleza de sus hijos. Orgullosa, se compara con la diosa Latona, y está convencida de que se asemeja a una divinidad; por eso le parece normal recibir un culto de latría. Esto le cuesta un terrible castigo: es transformada en roca, rebajada a una posición más baja que la de las bestias por haber querido elevarse por encima de los hombres. La historia de Aracne es un caso análogo: piensa que es la igual de Palas;

- la metamorfosis exterior. La mayoría de las veces, Ovidio nos presenta metamorfosis exteriores: los seres toman la forma que se parece a su carácter habitual o a una tendencia ocasional. Así, Licaón pierde su apariencia humana para convertirse en lo que es interiormente, un lobo. Sucede lo mismo con Dedalión, cuya transformación en gavilán responde a una tendencia interior. Sus metamorfosis trasladan un rasgo del carácter. Sin embargo, este no es el caso de Ésaco: se convierte en somormujo por todas las veces que ha intentado poner fin a sus días tirándose desde lo alto de una roca; su transformación fija para siempre una tendencia. Con respecto a Filomela y Procne, se metamorfosean en pájaros, lo que simboliza su huida. En este caso, la transformación fija un momento preciso de su existencia, puesto que ni la una ni la otra se han pasado su vida huyendo;

- la metamorfosis interior. Se define por una ausencia de impacto en el aspecto físico y por una alteración de la personalidad. Por ejemplo, Venus se fuga de su templo y del cielo, y renuncia a los problemas de los inmortales por la pasión amorosa que siente por Adonis, un mortal. A través de este tipo de metamorfosis, Ovidio humaniza a la mayoría de los dioses; tienen los defectos de los hombres sin tener excusas para ello. Pero aunque el carácter de los dioses se ve sometido de vez en cuando a una metamorfosis interior, lo cierto es que este no es el estado habitual.

- el disfraz. A veces, la metamorfosis puede tratarse de un simple disfraz. Por ejemplo, Júpiter toma la apariencia de un hombre, y Mercurio, de un pastor. Cambian de aspecto, pero conservan su poder y su personalidad. Cuando cumplen con su misión, retoman el aspecto anterior. El disfraz no le resta nada a la personalidad, al contrario de lo que pasa con las otras metamorfosis, en las que normalmente solo se mantiene un aspecto. Para Ío y Calisto, el disfraz es impuesto, por lo que se torna en una historia trágica: mantienen un corazón y un espíritu humanos, pero tienen la apariencia de una ternera y de una osa. Sin embargo, lo más frecuente es que este tipo de transformación sea libremente consentida y, por lo tanto, tenga un tono extravagante: sirve como juego o para poner a prueba a alguien;

- las metamorfosis en sentido contrario. Níobe, en el fondo, se convierte en estatua a causa de sus actos, mientras que la estatua de Pigmalión se convierte en mujer porque, interiormente, tiene sensibilidad humana. También podemos citar el caso del pastor de Apuleyo, que pierde su apariencia de hombre y se transforma en un olivo salvaje, mientras que el olivo adopta la forma humana.

La ausencia casi total de metamorfosis completas da una cierta cohesión al poema de Ovidio: las metamorfosis crean nuevas formas que mantienen las huellas de las anteriores. La relación entre ambas formas mantiene la unidad interna del relato.

EL AMOR

Este tema ocupa un gran lugar en el poema y se presenta como un principio unificador.

Distinguimos cuatro motivos eróticos principales en las *Metamorfosis*:

- la fuga y la persecución. Varios ejemplos pueblan el poema: Apolo persigue a Dafne, Júpiter a Ío y Siringa huye de Pan. La huida es un elemento tradicional, pero Ovidio lo revisita para convertirlo en un motivo original. Esto lo vemos claramente con el episodio del concurso que propone Atalanta a sus pretendientes. La joven no quiere casarse a causa de una predicción. Está decidida a vencer a sus pretendientes en la carrera, de eso depende su vida. Sin embargo, cuando ve a Hipómenes, la pasión le gana a la razón y, durante la competición, quiere que él la alcance. Por su parte, para frenar la carrera de Atalanta, el joven lanza manzanas, la fruta que simboliza tantas declaraciones de amor. La persecución representa así el encuentro entre dos deseos. Ovidio ofrece así al tema común de la huida una nueva vida;
- la intervención de Cupido y de Venus. Los dos son personificaciones del amor e intervienen por esta razón a lo largo de toda la obra. La madre y el hijo provocan el amor bien para vengarse, bien para asegurarse la extensión de su imperio. En el Libro I, Apolo (al que Ovidio identifica con Febo, el Sol) es herido de amor en varias ocasiones. Venus y Cupido están resentidos con el dios y emplean su poder para atacarle a él y a su descendencia (Libros I y IV). Esta animadversión continúa hasta el final de la obra. Venus y Cupido actúan movidos por el deseo de poder y por el rencor;
- la caza y el rechazo del amor. Al principio del poema, la pasión de la caza es sinónimo de rechazo del amor: Diana, Dafne y Siringa solo se sienten bien en el bosque, rodeadas de unos animales salvajes a los que persiguen. Les gusta la caza y la virginidad. Por el lado contrario, el rechazo de

la caza se traduce por la búsqueda del amor: Salmacis rechaza las armas y le da mucha importancia al cuidado de su belleza. Se enamorará sin sorpresa de Hermafrodito. Así, el amor y la caza se excluyen en los primeros libros. Pero el tema evoluciona: el cazador Céfalo rechaza los avances de la Aurora, no por una defensa de la virginidad, sino por fidelidad hacia Procris. Por primera vez, nos encontramos a un cazador enamorado. La evolución continúa con el episodio entre Venus y Adonis: Adonis es un cazador que lleva a su amante por los bosques para hacerle vivir su pasión. Venus, seducida, adopta ese arte apreciado por Diana. La caza se convierte entonces en una prueba de amor. La oposición que, en principio, era inflexible, se desvanece al final de las Metamorfosis. Mientras que el amor gana en potencia, la caza pierde su atractivo, lo que simboliza la victoria de la pasión sobre la virginidad, vinculada en el origen a la caza;

- los celos. Provocan la imposibilidad de conservar un amante o de romper una unión por otra. En cualquiera de los casos, se trata de una decepción amorosa. Como ejemplos, podemos citar a Juno, que sufre las innumerables infidelidades de Júpiter, y Circe, que sufre de la fidelidad de Pico a Canente. Juno no se enfada nunca con su marido, el verdadero culpable, sino con sus amantes. Los celos se muestran casi siempre injustos en todas las represalias a lo largo del poema.

Los relatos vinculados entre sí por el tema del amor lo están por decisión firme de Ovidio. En efecto, elabora de manera consciente ecos entre episodios de contenido análogo. La sucesión de mitos está estudiada y el poeta no deja que sea el lector quien deba unirlos mentalmente según su interpretación.

LA *PIETAS*

El tema de la *pietas* aparece a lo largo de todo el relato de diferentes formas:

- piedad e impiedad hacia los dioses. La impiedad se manifiesta por la negación de la existencia de los dioses o de su poder, por la voluntad de igualarlos y por el sacrilegio. Aracne y Níobe representan esa impiedad hacia los dioses. Aracne cree que es igual de hábil tejiendo que la diosa Palas, y llega a desafiarla. La tela confirma su ambición, y esto enfurece a Palas. Esta ira se debe igualmente a la representación satírica que la mortal hace de los dioses en su tapiz: no los trata bien. Por su parte, Níobe se muestra impía por partida doble, no solo porque pretende albergar un poder divino, sino también porque cree ser superior a la diosa Latona. Ovidio no solo saca a escena a impíos y sacrílegos; su relato abarca igualmente personajes píos. Pirra y Deucalión son los más representativos. La pareja enseguida da ofrendas a Temis y a las divinidades del lugar al que llegan. Con sabiduría y fatalismo, Deucalión se limita a constatar los estragos del diluvio que los dioses han enviado a la tierra. Su esposa y hermana, Pirra, tras un momento de duda, opta finalmente por ser fiel a los dioses a pesar de su reticencia a ofender a su familiar cuando piensa que debe tirar sus huesos. Deucalión, que es teísta, sí que entiende el sentido real del oráculo;
- piedad e impiedad *in hospitem*. Licaón es un mal amo de

su casa. Comete un triple crimen contra la hospitalidad: piensa en asesinar a su huésped, Júpiter, mata a un rehén que vive bajo su techo y se lo ofrece como cena a su huésped divino. Hay una gran cantidad de ejemplos repartidos de este tipo de impiedad a lo largo de las *Metamorfosis*. Relatan bien un intento de asesinato, bien el homicidio de un huésped. Pero la mala fe hacia un huésped no siempre desemboca en asesinato. Por ejemplo, en el episodio de Pireneo, que al principio parece mostrarse atento con las musas que acoge, pero que rápidamente les hace entender que el precio por ello es que lo seduzcan. En el poema, los invitados también muestran crueldad: cuando las Pelíades acogen a Medea tras una disputa de esta última con su marido, esta las incita con su magia a degollar a su padre. Por el contrario, hay dueños de casa generosos, como Ceix con su invitado Peleo (Libro XI);

- piedad e impiedad entre hermano y hermana. A partir del Libro II se representa este tipo de piedad: las Helíades, incapaces de soportar la muerte de su hermano, se transforman. Por el contrario, Cadmo roza la impiedad al mostrarse poco dispuesto a ir a buscar a su hermana Europa, secuestrada por Júpiter;

- piedad e impiedad entre esposos o amantes. Píramo y Tisbe son un ejemplo de pareja piadosa: se matan, puesto que para ellos, la vida ya no tiene ningún valor tras la muerte del ser querido. La sinceridad es lo que les caracteriza. Por el contrario, Júpiter y Juno son una pareja impiadosa y mediocre, puesto que los dos están repletos de defectos: Júpiter es infiel a su esposa, a quien solo tiene en cuenta porque puede causarle problemas por los celos. Juno es una mujer amargada por su orgullo herido.

El deshonor describe a esta pareja;
- piedad e impiedad hacia los hijos. Febo da el primer ejemplo de piedad por su aflicción tras la muerte de su hijo Faetón. Agenor, por su parte, reúne piedad e impiedad, puesto que se derrumba cuando secuestran a su hija, pero condena a Cadmo al exilio si vuelve sin ella;
- piedad e impiedad hacia los padres. Solo una intervención divina evita la impiedad en el caso de Arcas, que ignora que está hiriendo a su madre cuando mata a la osa. Medea, Procne, las Pelíades, Altea, etc., son personajes realmente impiadosos hacia sus padres.

Así, la *pietas* ocupa un lugar importante en las *Metamorfosis* en diferentes formas, y encontramos este tema en la mayoría de los episodios. Por consiguiente, contribuye igualmente a la unidad y a la cohesión del poema. Los tres temas de la piedad, el amor y la metamorfosis dan una impresión de continuidad de principio a fin con el juego sutil de variaciones, de similitudes y de diferencias entre episodios y personajes.

PISTAS PARA LA REFLEXIÓN

ALGUNAS PREGUNTAS PARA PROFUNDIZAR EN SU REFLEXIÓN...

- ¿A qué cuestiones responden las *Metamorfosis*?
- ¿Tiene alguna influencia en esta obra mayor de las *Metamorfosis* la situación política que hay en vigor cuando Ovidio escribe este libro? ¿Podríamos decir que es todavía una obra actual?
- Cite algunas obras de arte (pintura, escultura, objetos de arte) desde la Antigüedad hasta el siglo XX que representen relatos de Ovidio.
- ¿Qué podríamos decir de la representación de la mujer en la obra de Ovidio?
- ¿Podríamos considerar que la mayoría de las veces la metamorfosis es positiva o negativa? ¿Por qué?
- Dé una interpretación al episodio de Polixeno según el tema de la piedad.
- ¿Cuáles cree usted que han sido los autores que han influido a Ovidio en la composición de este poema?
- ¿Cómo se explica la metamorfosis de Tereo en una abubilla?
- Demuestre que el azar alcahuete es uno de los motivos eróticos principales.

PARA IR MÁS ALLÁ

EDICIÓN DE REFERENCIA

- Ovidio Nasón, Publio. 2006. *Metamorfosis*. Traducido por Ely Leonetti Jungl. Pozuelo de Alarcón: Espasa Calpe.

ESTUDIOS DE REFERENCIA

- Boillat, Michel. 1976. *Les Métamorphoses d'Ovide. Thèmes majeurs et problèmes de composition*. Berna: Herbert Lang
- Fourtanier, Marie-José. 1996. *Les Métamorphoses*. París: Bertrand-Lacoste, colección *Parcours de lecture*.
- Philippe, Marie-Hélène y Anne Videau. *Ovide. Métamorphoses*. París: Hatier, colección *Œuvres et thèmes*.